El Morya

Die Karten der Selbsterkenntnis

W0308031

48 Karten aus den
Schriften der Liebe aus dem Garten
El Morya

Begleitbuch

Inhaltsverzeichnis

Danksagung

In Liebe und Freude danke ich der geistigen Welt und vor allem Mahatma El Morya für das Entstehen dieser 48 Karten. Ich danke dafür, dass ich erfahren durfte, wie leicht und schön sich die Zusammenarbeit gestalten kann.

Es war mir eine große Freude, mit Iris Merlino und Susanne Berk an den Karten zu arbeiten.

Ich danke, dass durch diese Karten vielen Menschen die Möglichkeit geboten wird, sich selbst ein wenig mehr zu erkennen.

So danke ich jedem einzelnen, der mit diesen Karten arbeitet, sich erkennt und dadurch unser aller Bewusstsein erhöht.

In Liebe zu allem was ist

Bettina Maria Haller

Benutzung der Karten

Vorbereiten der Karten

Jede Seele ist eins mit Gott. Sie ist deshalb allwissend und weise. Wenn der Mensch die Qualität und Energie seiner Seele vollends in sich integriert hat, ist sein Leben ein Spiel. Bewusst folgt dieser Mensch in der Kenntnis der geistigen kosmischen Gesetze seiner Seele, Gott in sich. Er ist Liebe und ergießt diese Liebe aus seinem Herzen in alles, was auf dieser Erde und im gesamten Kosmos ist.

Verbinden Sie sich mit Ihrer Seele. Zur Hilfe können Sie sich ihre Seele als einen Stern vorstellen, von dem ein goldener Strahl durch Ihre Fontanelle in der Mitte des Kopfes und in die Handinnenflächen fließt. Nehmen Sie die Energie in sich auf, bis sie sich innerlich ruhig und entspannt fühlen.

Jetzt öffnen Sie die Karten.

Betrachten Sie jede einzelne Karte mit geöffnetem Herzen voll Liebe und lesen Sie den Text. Betrachten sie die Karten als ein Mittel, das Ihnen hilft, die Durchsagen Ihrer Seele wahrzunehmen.

Nehmen Sie die Karten zwischen Ihre Hände und verbinden Sie sich mit Ihrer Seele. Bitten Sie darum, dass Ihre Seele die Karten mit Liebe, Freude und Vertrauen segnet. Jetzt sind die Karten bereit, um sie zu nutzen.

Fragen stellen

Bei diesem Kartendeck geht es immer um Sie. Alles, was im Außen geschieht, kommt aus unserem Innersten. Freuen Sie sich, Sie werden viel über sich selbst erfahren. Während sie die Karten mischen, konzentrieren Sie sich auf Ihr Innerstes und stellen eine Frage.

Zum Beispiel:

„Was darf ich tun, um mich besser zu erkennen?"

„Was habe ich aus dieser Situation zu lernen?"

„Wie soll ich mich verhalten, um die Situation zu beruhigen?"

„Was ist die Ursache, dass ich in dieser Situation bin?"

„Was kann ich tun, um die Situation, Beziehung etc. zu verändern?"

Mit gezielten Fragen können Sie sich immer weiter vortasten, so können Sie das Thema von verschiedenen Standpunkten beleuchten.

Es ist auch sehr schön, einfach nur eine Tageskarte zu ziehen, indem Sie fragen:

„Was bringt mir dieser Tag?"

„Wie kann ich den Tag harmonisch erleben?"

„Was darf ich an diesem Tag lernen?"

„Was darf ich an diesem Tag erkennen?"

„Welche Botschaft ist für mich?"

Natürlich sind mit diesen Karten auch verschiedene Legesysteme möglich:

Vier-Karten-System

1) Vergangenheit – wie ist es zu dieser Situation gekommen?

2) Gegenwart – was bewirkt die Situation in mir?

3) Zukunft – wie ist sie die Situation zu lösen, welche Möglichkeiten ergeben sich?

4) die Botschaft – was erkenne ich dadurch in mir?

Seelensystem - Ihr persönliches System

Kreieren sie sich ihr eigenes Legesystem, denn der Umgang mit diesen Karten ist ein Spiel, so wie unser ganzes Leben ein Spiel ist, geschaffen durch die Kraft der Seele und des Willens.

Jeder Mensch ist einzigartig, besonders und unbegrenzt. Sprengen sie alle Regeln und erschaffen sie das Spiel für sich neu.

Übrigens, wenn sie mit den Karten arbeiten, ist El Morya bei Ihnen, um sie mit Seiner Energie zu unterstützen.

Viel Freude und viele Erkenntnisse wünscht

Bettina Maria Haller

1 Liebe

*Die Liebe in ihrer reinsten,
schönsten Form ist
schattenlos.
Sie gewährt dem anderen
absolute Freiheit, ohne
Eifersucht und ohne jeglichen
Besitzanspruch.*

Nimm dich und deine Mitmenschen so an, wie sie sind. Die Liebe ist in dir, suche und finde sie in deinem Inneren, denn dort ist alles zu finden, was du bist und was du zu brauchen glaubst. Nimm dir die Freiheit, die Muster, die dich begrenzen, zu erkennen. Lass sie los und sei frei, anders zu reagieren.

Denke nicht, irgendjemanden oder etwas besitzen zu müssen, um glücklich zu sein. Überwinde dein Ego, indem du die Stille und Liebe in dir findest.

2 Verzeihen

Die Kraft des Verzeihens erschafft Freiraum in euch.

Verzeihe dem anderen um deiner selbst willen. Verzeihen heißt Selbstbefreiung.

Verzeihe dir selbst. Lass alle Schuldgefühle hinter dir. Alles hat einen Sinn, erkenne ihn.

3 *Beziehungen*

Die Liebe für einen bestimmten Menschen mag niemals erlöschen, auch dann nicht, wenn dieser Mensch nicht mehr unseren Weg beschreitet.

Das Leben ist ständige Veränderung. So nimm die Veränderung an, ohne sie zu bewerten. Sie ist, und sie ist das Resultat all deiner Gedanken und Gefühle.

Du bist der Schöpfer deines Lebens. Sei dankbar für all das, was du gelernt hast. Lass die Liebe bestehen, doch erkenne, dass Liebe nur in Freiheit bedingungslos ist. Schöpfe aus der Liebe in dir.

4 *Hingabe*

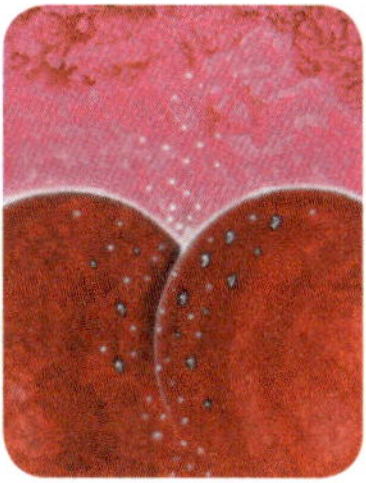

Die Liebe gibt euch die schönsten Möglichkeiten zu wachsen und zu lernen.

Lass nicht zu, dass Zweifel und Angst dich beherrschen. Lerne, die Liebe, die um dich ist, anzunehmen, ohne Erwartung. Lass es zu, die Liebe zu fühlen und aus ihr Zufriedenheit und tiefen inneren Frieden entstehen zu lassen.

Du kannst nur gewinnen. Getraue dich, die Liebe zu fühlen.

Gib dich der Liebe hin, und handle in Liebe zu allem, was ist.

5 Herz

Euer Herz wird euch immer den richtigen Weg zeigen. Das Herz birgt alle Geheimnisse des Lebens.

Triff alle Entscheidungen mit deinem Herzen. Was wünschst du?

Wovor hast du Angst? Sei bereit, dich zu erkennen, um dich zu befreien.

Gehe in den Tempel deines Herzens, indem du dich auf deinen innersten Raum konzentrierst. Verbinde dich mit Gott und bitte ihn, dir deine Wahrheit zu zeigen.

Lebe nach deiner Wahrheit, sie ist die Kraft Gottes in dir.

6 Weisheit

Weisheit ist eine besondere Gabe. Sie entsteht durch Herzensbildung.

Erkenne, dass du die Weisheit in dir trägst.

Weisheit ist Frieden, Freude und die stille Harmonie deines Seins. Der Weise ist frei von Ego, Sorge, Beurteilung und Angst. Er lässt das Fließen des Lebens zu und erkennt sich in allem, was ist. Er ist

7 Wille

Der Wille spannt den Bogen,
damit der Pfeil das Ziel trifft.

Mit den Gedanken und den Gefühlen lenkst du die Energie zum Ziel.

Ändern sich die Gedanken ständig, so ändert sich auch der Weg der Energie.

Sei dir bewusst, dass du der Schöpfer deines Lebens bist. Alles folgt deiner Schöpfungskraft, die du durch die Disziplin des Willens lenkst.

8 *Kraft*

Alles steht geschrieben, doch
alles, was geschrieben steht,
kann durch eure Kraft
verändert werden.

Erinnere dich, wer du wirklich bist. Du bist eins mit Gott. Das Leben folgt dem Gesetz von Ursache und Wirkung. So erkenne, welche Ursachen du gesetzt hast, um zu sehen, wie sich dein Leben entwickeln wird.

Das, was geschrieben steht, hast du geschrieben, in diesem oder in einem vorigen Leben. Erkenne Gott und die Liebe in dir und setze eine andere Ursache, damit die Wirkung die Manifestation der Liebe Gottes auf Erden sei.

9 Freiheit

Sei dir gewiss, du hast immer die Freiheit zu entscheiden, wohin du gehst.

Niemand zwingt dich, du bist frei. Erkenne die von Gott gegebene Freiheit in dir, die Freiheit des ewigen Seins, eingebettet in das Urvertrauen.

Auch wenn du denkst gefangen zu sein, die Freiheit ist in Wirklichkeit immer existent. Du kannst dir nur vormachen, unfrei zu sein.

10 Außen und Innen

Alles, was euch im Außen begegnet, gleicht eurem Inneren.

Was dir im Außen begegnet, ist der Spiegel deines Innersten. Höre auf damit, andere zu beurteilen, sondern erkenne dich. Lerne durch die Ereignisse und Hinweise, und betrachte alles, was in deinem Leben geschieht, als einen Lernprozess.

Die Dinge des Außen beginnen sich zu verändern, wenn du die Kraft hast, andere Reaktionen in deinen Gedanken, Gefühlen und Handlungen zu setzen.

11 Beurteilung

Betrachtet euch selbst und euer Leben, kritisiert nicht die Ursachen und Wirkungen anderer Menschen, sondern arbeitet an euch.

Beende das Spiel der Bewertung. Betrachte einfach nur und erkenne das Lernpotential, das sich dir durch die Beobachtung bietet. Beobachte dich und deine Reaktionen, Gedanken und Gefühle aufgrund des Geschehens in deiner Umwelt. Gelingt es dir, in der Stille deines Herzens, in Gott, zu sein?

Mische dich nicht in die Angelegenheiten anderer Menschen, wenn du nicht um Hilfe gebeten wirst, denn jede Seele wird geführt. Es ist nicht deine Aufgabe zu bewerten, was richtig oder falsch ist. Erkenne jeden Weg, den sich eine Seele aussucht, an. Verharre in Gott in dir. Erkenne, dass alles, was dich dazu treibt, unbedingt andere belehren zu wollen, dein Ego ist.

12 Mut

Mut ist Handlung ohne Angst, gepaart mit Vertrauen. Ohne Vertrauen werdet ihr nicht den Mut in euch erwecken können.

Habe den Mut, deiner Intuition zu folgen. Lass nicht zu, dass Angst oder Zweifel dich von dir entfernen. Vertraue auf Gott und auf dich, denn beides ist eins.Das Leben beginnt, sich positiv zu verändern, wenn du dir deiner Angst und deines fehlenden Vertrauens bewusst wirst, denn nur so erkennst du dich.

Durch das Erkennen bist du in der Lage, andere Gedanken, Gefühle und Reaktionen zu setzen. Somit hast du ein Glaubensmuster durchbrochen und bist der unendlichen Freiheit und Liebe näher gekommen. Der Weg Gottes in dir ist unendlich schön, voller Freiheit und Freude.

13 Zweifel

Wo der Skorpion des Zweifels
haust, ist kein Vertrauen
zu finden.
Hütet euch vor Zweifel.
Er zerstört eure Kraft.

Zweifel an dir und an deinem Weg sind die Hindernisse, die durch dein Beurteilen entstehen.

Es gibt kein richtig oder falsch. Und es gibt nur den Weg von innen nach außen. Von außen kann dich niemand aus deinen Zweifeln befreien. Das kannst nur du von innen, indem du erkennst, dass alles was ist, in dir ist und immer sein wird.

Gott ist in dir. Dennoch bringen das Leben und die Menschen dich dazu, dein Innerstes zu erforschen und zu erkennen. So erkennst du Gott in dir.

14 Glaube

Der Glaube ist der Glaube an Gott und der Glaube an euch selbst, beides ist untrennbar miteinander verbunden.

Gott ist in dir und wird es immer sein. Erkenne dich und glaube an das, was in dir ist. Bringe es durch Dankbarkeit und Freude am Geschenk des Lebens zum Leuchten.

Sei dankbar für alles, was du bist. Du bist Fülle, Freude, Liebe und Glück. Und alles, was möglich ist zu sein, das bist du, ohne wenn und aber. Der Weg der Erkenntnis ist der Weg des Glaubens.

15 Demut

Demut ist das Wissen um
die Göttlichkeit in sich selbst
und das Bewusstsein, so wie
wir sind, von Gott gesandt
und geschaffen zu sein.

Demut ist Hingabe an das tiefe Vertrauen in uns und Gott. Es hat absolut nichts mit dem Glauben an eine alles bestimmende Obrigkeit zu tun.

Du bist der Schöpfer deines Lebens. So glaube an deine Schöpferkraft, und sei bereit, sie bewusst zu leben. Erkenne dein Leben als deine Schöpfung an, und gestalte es nach dem Willen Gottes in dir.

16 Gefühle

Lasst eure Gefühle zu, ihr sollt nichts verschütten in euch. Doch kämpft dagegen an, euch von negativen Gefühlen beherrschen zu lassen.

Stelle dich deiner Gedanken und Gefühle. Nur du kannst dein Leben und dein Sein ändern.

Es hat keinen Sinn, die Augen zu verschließen und seine Gedanken und Gefühle zu ignorieren. Arbeite aktiv daran, deine negativen Gedanken in Gedanken der Freude und Liebe zu ändern.

17 Auflösung blockierender Gefühle

Nehmt die Gefühle an
und löst sie in lichtvollen
Gedanken der Liebe, Freude,
Dankbarkeit und
Harmonie auf.

Erkenne dich selbst. Deine Gefühle entstehen aufgrund deiner Gedanken. So sei bereit, dir deiner Gedanken vollkommen bewusst zu werden. Erkenne die Muster deiner Gedanken, und erkenne, welche Gedanken welche Gefühle hervorbringen. Dies ist wahre Selbsterkenntnis.

Verurteile dich nicht für deine Gedanken. Werde dir ihrer bewusst und ändere sie.

Gehe in die Dankbarkeit und Liebe zu Gott und sage Dir selbst: ICH BIN göttliches Sein und vollkommen. Ich liebe Gott über alles.

18 Dankbarkeit

Euer Leben erfährt eine herrliche Wende durch Dankbarkeit. Die Energie der Dankbarkeit ist gleich der Leichtigkeit eines Flügelschlages der Engel.

Die Energie der Dankbarkeit erhöht deine Schwingung, und so wird es dir möglich, immer mehr zu dem zu werden, was du bist: Ein Lichtwesen, Gott gleich, in einem menschlichen Körper.

Die Dankbarkeit ermöglicht dir, das Tor in deinem Herzen immer weiter zu öffnen.

19 Wandlung

Wenn ihr imstande seid, eine Situation in Dankbarkeit anzunehmen, wird sie augenblicklich gewandelt.

Lerne, dein Leben bewusst durch die Energie der Dankbarkeit zu lenken.

Wenn du die sich dir zeigende Situation vollkommen ohne Angst annimmst, wird sie sich augenblicklich ändern, und die besten Lösungen werden sich dir bieten.

Sei dankbar für alles, was in deinem Leben geschieht und geschehen ist.

20 Selbsterkenntnis

Sich selbst zu erkennen,
seine Reaktionen und
Gefühle genau zu studieren,
ist die einzige Möglichkeit,
langfristig sein Bewusstsein
zu heben.

Je mehr du dich öffnest, desto mehr wirst du dich erkennen. So wird es dir gelingen, dich anzunehmen wie du bist.

Die Kraft in deinem Herzen wächst mit der Wahrheit dir selbst gegenüber. Lerne, bewusst in die Stille des Herzens, in deine Kraft, zu gehen.

21 Geduld

Seid bereit, euch geduldig auf den Weg der Erkenntnis zu begeben.

Die Ungeduld hemmt jeden Schritt eurer Füße.

Atme tief ein und aus. Höre dem Fluss des Atems zu, ohne Hast.

Die Seele ist ewig. Es gibt keinen Anfang und kein Ende, und so ist es auch mit eurer Entwicklung. Sie ist ewig. Wozu dann ungeduldig sein?

Es ist wie es ist, und es ist gut so. Lass den Fluss des Lebens einfach zu.

22 Unbegrenztheit

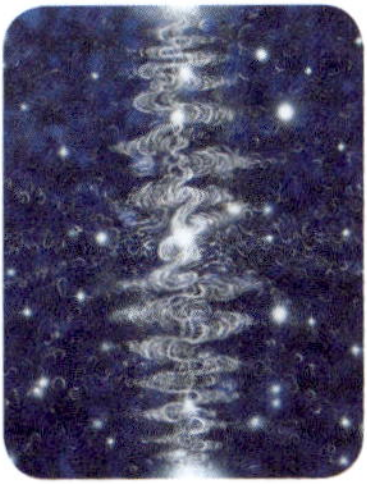

Eure Möglichkeiten sind immer unbegrenzt, so wie es das Universum ist.

Blicke in die Sterne und sieh, dass das Universum unbegrenzt ist. Die unendliche Weite des Alls liegt vor dir. Das, was du siehst, ist Gott, und du bist eins mit Gott.

Wie kannst du dich beschränken, wenn du dir dieser Weite bewusst wirst? Erkenne all deine dir selbst auferlegten Beschränkungen.

Höre auf deine innerste Stimme.

Du musst es niemanden recht machen. Vertraue auf deine Kraft und Wahrheit.

23 Ewigkeit

Es gibt keinen Anfang und kein Ende, alles ist ewig. Ihr seid ewig.

Energie kann nicht verloren gehen, sie kann nur in einen anderen Seinszustand verwandelt werden.

So lerne, die dich blockierenden Energien deiner Gedanken und Gefühle in lichte, dich aufbauende Energien zu verwandeln. Ändere deinen Blickwinkel, und betrachte die Situation und deine Reaktionen von allen Seiten.

24 Schutz

Der beste Schutz ist die Liebe, denn sie wandelt selbst die Energieschwingung des Hasses.

Du findest die Liebe in deinem Herzen. Erhebe deine Gedanken zu Gott. Begib dich in die Kammer deines Herzens, fühle die Liebe zu allem was ist, und bitte Gott, dich mit der Energie der Liebe zu durchströmen.

Verurteile andere nicht, wenn sie hassen. Bleibe in der Liebe und hilf ihnen, die Liebe wieder in sich zu finden, wenn du um Hilfe gebeten wirst.

25 Wut

Meditiert auf die Liebe und Harmonie und setzt andere, der Wut entgegengesetzte Reaktionen.

Beobachte die Gefühle von Zorn und Wut in dir. Mache dir bewusst, dass diese Gefühle dich nicht weiterbringen. Erkenne die Ursache, die du gesetzt hast, hinter der Wirkung. Denn alles, was dir im Außen begegnet, hat seinen Ursprung in deinem Innersten.

Löse die Gefühle der Wut durch Gefühle der Dankbarkeit und Liebe auf.

26 Gereiztheit

Die Freude ist geduldig und sanft. Sie hat ihre Wurzeln in tiefer Dankbarkeit, mit Gott verbunden zu sein. Sie kennt keine Reizbarkeit.

Gereiztheit verhindert das Wachstum der schönsten Blumen. Erkenne, dass es etwas gibt, was Transformation erfordert. Warum reagierst du gereizt? Ist die Situation gegen den Willen deiner Seele? Beobachte dich genau und hinterfrage deine Gereiztheit.

Da alles mit allem verbunden ist, kann es auch ein Gefühl sein, dass durch ein anderes Energiefeld ausgestrahlt wird, mit dem du in Resonanz gehst. Hinterfrage, weswegen du in Resonanz gehst. Erkenne, ob alte Muster die Resonanz bewirken. Sie lösen sich in jenem Augenblick auf, in dem du sie erkennst.

27 Freude

Übt euch in Freude, indem ihr alles, was euch umgibt, mit Freude und Dankbarkeit betrachtet.

Freude und Dankbarkeit sind von wunderbarer Schwingung. Wenn du dich immer wieder in diese Gefühle begibst, wird dein Leben sich in Schönheit verwandeln. Frieden wird einkehren, und dein gesamtes Leben wird sich ordnen.

Erfreue dich an den Menschen, die dich umgeben. Freue dich über die Arbeit, die du tust. Erfreue dich an der Natur.

28 Eifersucht

Der Stachel der Eifersucht durchbohrt das Herz. Dieses Gefühl trägt oftmals zur Selbstzerstörung der herrlichsten Energien bei.

Du kannst nichts besitzen. Du kannst nur sein. So lass auch den anderen so sein, wie er ist. Sei mit ihm in Freude, im Wissen, niemanden zu besitzen.

Das Gefühl der Eifersucht zeigt sich dann, wenn dein Ego zu besitzen meint. Doch weder Kraft, Macht noch Wissen kannst du besitzen, sondern sie können lediglich sein. Lerne, im SEIN und nicht im Haben zu sein, dann gibt es keine Eifersucht.

29 Strebsamkeit

Selbsterkenntnis ist ein Weg
der Geduld, des Mutes,
der Disziplin und der
Strebsamkeit.

Geh deinen Weg im Wissen, dass er unbegrenzt und ewig ist. Leichtigkeit und der Mut, sich immer wieder selbst zu erkennen, sind Zeugnisse von Disziplin und Strebsamkeit. Strebsamkeit ist keinesfalls Strebertum, sondern der Mut, immer wieder hinzusehen und sich in allem, was ist, selbst zu erkennen.

Erkenne dich in den Lebensumständen und den Menschen, die auf dich zukommen, ohne dich oder andere zu ver- oder zu beurteilen.

30 Vertrauen

Das Vertrauen öffnet die letzten Tore zu Gott.

Vertraue auf dich und auf Gott in dir. Vertraue auf deine innere Stimme. Folge ihr bedingungslos. In diesem immerwährenden Vertrauen öffnen sich dir die Tore der Liebe in deinem Herzen.

Immer mehr wirst du dich und andere annehmen können. Beobachte, wie dein Leben fließt, wenn du voll und ganz im Vertrauen bist.

Danke dir selbst für dein Vertrauen.

31 Fülle

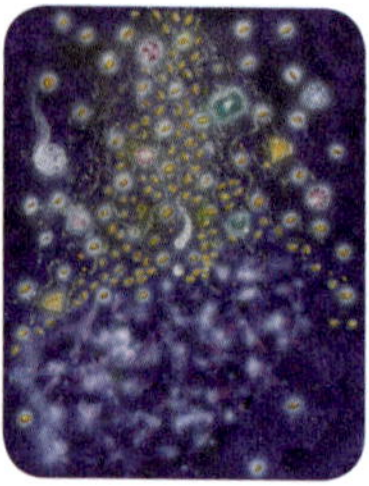

Seid bereit für das Zulassen
der Fülle um und in euch.
Denn alles, was in euch ist,
wird im Außen sichtbar.

Fülle darf in allen Bereichen deines Lebens sein. Erlaube dir diese Fülle.

Geld ist nichts anderes als Energie und deshalb weder gut noch schlecht.

Lass zu, dass alle Bereiche deines Lebens mit Freude, Liebe, Dankbarkeit und Schönheit erfüllt sind.

32 Loslassen des Habens

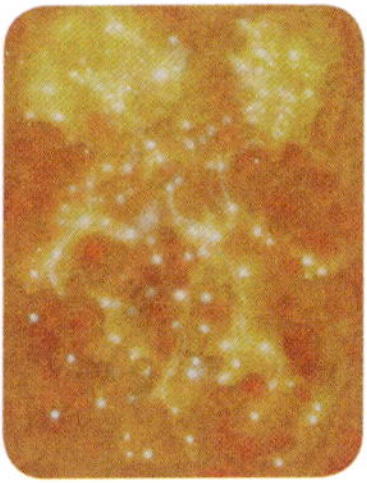

Ihr sollt nicht besitzen wollen, obwohl euch alles zur Verfügung steht.

Lasst los.

Fokussiere die Ausrichtung deiner Gedanken und Gefühle auf das Sein.

Du kannst nichts haben. Alles was du haben oder besitzen willst, wird dich besitzen. So wirst du durch die Anhaftung der Gefangene deines Besitzes.

Habe alles zur Verfügung, was du brauchst, ohne Gefühle der Anhaftung und des Besitzenwollens zu fühlen. So lernst du, in Fülle zu sein.

33 Veränderung

Lernt es zu lieben, loszulassen. Dann, wenn etwas zu Ende geht, geht eine neue Tür auf.

Erkenne in der Veränderung eine Chance, dein Leben nach den Wünschen deiner Seele auszurichten. Der Fluss des Lebens ist unaufhaltsam.

Stelle dich nicht gegen diesen Fluss. Es ist mühsam, Staudämme zu errichten, denn die Flut der Energie der Seele wird sie hinwegschwemmen. So wehre dich nicht, sondern erkenne in der Veränderung den Rhythmus des Wechsels der Energie.

34 *Spiegelungen*

Erkennt bewusst, was euch die Gesten, Gedanken, Gefühle und Worte anderer über euch sagen wollen.

Sei bereit, dich in allem, was dich umgibt, zu erkennen.

Jedes Wort der dich umgebenden Menschen und jede Situation sind Hilfen von Gott, hinter den Schleier zu blicken. Erkenne dich als Schöpfer dieser Situationen. Erkenne, dass du diese Menschen in dein Leben gezogen hast, um dich durch sie mehr zu erkennen.

35 Beobachtungen

Betrachtet alles um euch und fühlt, wie ihr darauf reagiert, um zu erkennen, wer ihr seid.

Erkenne dich in deinen Reaktionen. Liebe dich selbst so, wie du Gott liebst und lass nicht zu, dass du oder andere dich verurteilen.

In jeder Seele ist Gott, sei dir dessen immer bewusst. Erkenne die Liebe Gottes in allen Situationen deines Lebens.

36 Angst

Erst wenn ihr die Furcht besiegt habt, könnt ihr die Stimme eures Herzens fühlen.

Erhebe dich über die Angst. Sie bringt dich nicht weiter, sondern versperrt dir den Weg zur Erkenntnis. Geh in dein Herz, bitte Gott und die Engel um Unterstützung, und werde dir der Stille und Liebe in deinem Herzen bewusst.

Erst jetzt, frei von Angst und in vollkommener Ruhe, gehe in dich und höre, was deine innere Stimme dir zu sagen hat.

37 Absicht

Bei euren Handlungen ist die dahinter verborgene Absicht das Wichtigste.

Wenn du handelst, so ist es die Absicht deiner Handlung, die die Wirkungen in deinem Leben hervorrufen.

Sei dir deiner Gedanken und deiner Gefühle bewusst, damit du erkennen kannst, was deine Absicht ist. Erkenne dein wahres Gesicht.

38 Talente

Talente sind besondere Fähigkeiten, die sich durch Hingabe und Liebe entwickeln.

Habe den Mut, deine Talente zu gebrauchen und sie im Feuer der Liebe und Dankbarkeit bis zur Meisterschaft zu entwickeln. Gib dich deinen Fähigkeiten hin.

39 Strebsamkeit - Eifer

Der Unterschied zwischen Strebsamkeit und Eifer liegt in der Freude und der Entwicklung des Talentes um seiner selbst willen.

Erkenne, dass du immer geliebt bist. Fühle die Liebe in dir in der Ausübung deines Talentes.

Eifer ist von Unsicherheit und dem Streben, von anderen geliebt zu werden, gekennzeichnet. Eifer und das Suchen der Bestätigung im Außen bringen dich weg von deiner inneren Quelle, weg von Gott.

40 Kinder

Die Kinder sind eure Fortentwicklung. Alles, was ihr löst, erleichtert ihnen ihren Lebensweg.

Lerne, die Kinder als eine Hilfe auf deinem Weg zu betrachten. Solange sie frei sind von Angst und Prägungen der Umwelt, sind sie in enger Verbindung mit der geistigen Welt und der göttlichen Quelle in sich. Erkenne sie als einen Spiegel. Lerne, durch sie die Leichtigkeit, Fülle und Freude des Lebens zu erkennen.

41 Eltern

In der Betrachtung, nicht in der Beurteilung, eures Vaters und eurer Mutter werdet ihr euch erkennen.

Erkenne deine anerzogenen und übernommen Gedanken- und Gefühlsmuster in der Beobachtung deiner Eltern.

Nimm deine Eltern in Liebe so an, wie sie sind, danke ihnen dafür, dass sie dir zeigen, was in dir noch zu lösen ist. Erwarte nicht, dass sie sich ändern. Doch lass deine alten Muster los.

42 Ansichten

Die Ansicht über euer Leben gestaltet eure Gedanken, die letztlich das Leben formen.

Erkenne die Kraft deiner Gedanken, Gefühle und Vorstellungen über dein Leben an. Überprüfe die Ansichten über dein Leben und erkenne die Muster, die dahinter stecken. Löse sie auf, damit Schönheit und Klarheit in deinem Leben sind. Vertraue auf deine Kraft.

43 Herz und Verstand

Die Anziehungskraft offenbart sich im Herz, nicht im Verstand. Es ist unablässig, das Herz über den Verstand zu stellen.

Was fühlst du in deinem Herzen? Vertraue auf die Regungen in deinem Herzen. Das Herz ist der Tempel Gottes. Nur dein Herz führt dich zu deiner Wahrheit. Lerne, dein Herz in den verschiedenen Situationen deines Lebens zu spüren. Orientiere dich am Schlagen deines Herzens.

Der Magnet des Herzens ist mit allem verbunden, was ist.

44 Erde

Die Erde ist so konzipiert, dass alle Lebewesen durch sie versorgt werden können. Es liegt an euch, euch dessen bewusst zu werden und danach zu handeln.

Die Erde ist dir als ein Geschenk Gottes übergeben worden. So sei für dieses Geschenk voller Freude und Dankbarkeit. Achte und liebe Mutter Erde.

Die Erde hat einen feinstofflichen Körper wie der Mensch und reagiert deshalb auch auf die Energien der Gedanken und Gefühle aller Lebewesen.

Über die Aura bist du mit der Erde verbunden. Alles was mit der Erde geschieht, geschieht deshalb auch mit dir.

45 Tod

Die Änderung der Energieform ist das, was ihr als Tod bezeichnet. Doch Energie kann nicht verloren gehen. Ihr seid reinster Geist und unsterblich.

Der Tod ist Veränderung. Jede Veränderung kann auch als der Tod eines Lebensabschnittes bezeichnet werden. So lass los, und lass der Veränderung der Energie ihren Lauf nehmen.

46 Verbundenheit

Es gibt keine Trennung der Welten. Alle Welten sind eins, weil sie aus der einen Energie, der Energie Gottes, hervorgehen.

Die Welten sind miteinander verbunden. Sei dir der Verbundenheit mit dem Reich der Engel, der aufgestiegenen Meisterinnen und Meister, dem Jenseits und den Bewohnern der fernen Planeten und Sterne bewusst.

Das Leben ist im gesamten Kosmos, und es gibt keine Trennung, weil wir alle aus der einen Energie, der Energie Gottes, geschaffen sind.

47 Heilsein

Heil sein bedeutet, Liebe und Dankbarkeit in jeder einzelnen Zelle seines Körpers zu spüren.

Liebe deinen Körper so, wie er ist. Er ist die Schöpfung deines Bewusstseins. Jede Zelle, jedes Organ, reagiert auf deine Gedanken und Gefühle.

Deine innere Schönheit strahlt über die Aura deines Körpers in die Herzen aller Menschen.

48 Energie

Die Energie Gottes ist unbegrenzt. Ihr alle könnt sie für eure und für die Gesundheit eures Planeten nutzen.

Öffne dein Herz für die Liebe Gottes. Lass die goldene Energie aus der Quelle des göttlichen Seins in dich strömen.

Dein Körper wird mit reinster göttlicher Energie aufgeladen.

Danke der Erde, und segne sie mit göttlicher Energie aus deinem Herzen.

Die Autorin

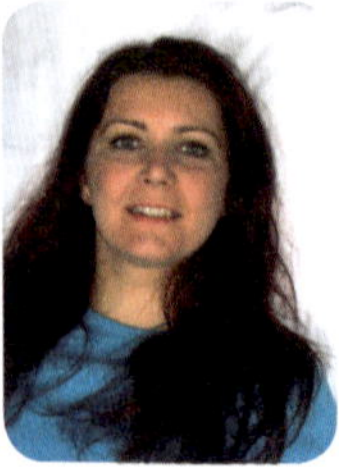

Seit 2005 betreibe ich eine Energiepraxis in Marchegg in Österreich. Meine Aufgabe ist es, die Menschen in ihrem spirituellen Wachstum zu unterstützen, damit sie die Kraft ihrer höheren Seele in sich erkennen und zum Erwachen bringen.

Durch öffentliche Channelings vor Gruppen und Energiearbeit in Einzelsitzungen komme ich meinem Auftrag voller Freude nach.

Ebenso ist es mir eine große Freude, energetische Hilfsmittel in Zusammenarbeit mit den Erzengeln und den Heilengeln zu produzieren (Aurasprays, Globuli, Tropfen).

Die Welten sind eins, so wie wir alle eins sind mit Gott, der in uns ist. Es ist meine Bestrebung, im Alltag Himmel und Erde miteinander zu verbinden, um im tiefen inneren Frieden und in der Liebe zu sein.

Viel Freude mit den Karten wünscht

Bettina Maria Haller

www.bettina-maria-haller.at

Veröffentlichungen

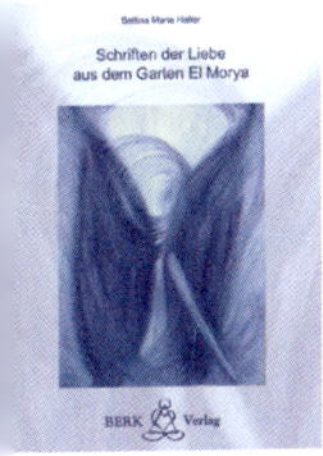

Schriften der Liebe aus dem Garten El Morya - das Buch

Wenn sie mehr aus den Schriften der Liebe erfahren möchten, lesen sie bitte das Buch *Schriften der Liebe aus dem Garten El Morya*, erschienen im Berk-Verlag, ISBN-Nr. 978-3-9811901-0-6, erhältlich im Buchhandel.

Schriften der Liebe aus dem Garten El Morya - die Hör-CD

Dieses Hörbuch enthält ausgewählte Texte aus den *Schriften der Liebe*, mit viel Liebe vorgelesen von der Autorin Bettina Maria Haller.

BERK Verlag

Die Illustratorin

Das Malen und Zeichnen war für mich schon als Kind ein wichtiges Ausdrucksmittel.

Der spirituelle Weg begann für mich 1988. Mehrere Jahre war ich aktives Mitglied einer metaphysischen Studiengruppe. Dort wurde ich vertraut mit der Lehre der sieben Strahlen. Das Wissen und die Verbindung zu den Engeln, den aufgestiegenen Meister/innen und der Naturkräfte wurde dort gelegt.

Der Wunsch, den Menschen die Präsenz der Lichtwesen und auch deren Reiche nahezubringen, hat mich dazu bewogen, die Energien und Kräfte sichtbar zu machen. Mein Wunsch ist, mit meinen Bildern heilsame Energien und Hoffnung in die Herzen der Menschen zu legen. Im Laufe der Jahre entwickelte ich meine eigene Art zu malen, die geprägt ist von dem Wissen um die lichten Reiche.

Seit einigen Jahren bereits gebe ich mein Wissen auch in Form von Meditationsabenden weiter.

Iris Merlino

Veröffentlichungen

Autorin und Illustratorin:

Reisen zu den Tempeln des Lichts
(Schirner Verlag 2006)

Illustratorin:

Die lichte Kraft der Engel
(Schirner Verlag 2000)

Die Gegenwart der Meister
(Schirner Verlag 2001)

Im Reich der Naturgeister
(Schirner Verlag 2001)

Das große Buch der Legemethoden
(Schirner Verlag 2002)

Postkarten „Die sieben Chakren"
(Schirner Verlag 2002)

www.iris-merlino.de e-mail: iris.merlino@t-online.de

Berk Verlag

Immerwährender Astro-Mandala-Kalender

12 Sternzeichen-Mandalas

Dieser immerwährende Kalender kann Sie viele Jahre begleiten. Er eignet sich zum Eintragen aller wichtigen wiederkehrenden Termine wie Geburtstage, Hochzeitstage etc.
Jeden Monat strahlt ein neues Mandala die Sonnenenergie des jeweiligen Tierkreises in Ihre Umgebung ab. So können Sie, ohne es unbedingt bewusst wahrzunehmen, immer tiefer mit dem Kosmos in Harmonie kommen.

Autorin und Künstlerin: Christa Roth
Wandkalender mit Spiralbindung mit Aufhänger
Format: 29,7 x 42 cm (DIN A3)
ISBN: 978-3-98119-013-7

BERK Verlag